Gu

Escrita p

La casa de
Bernarda Alba

de Federico García Lorca

Resumen
Express.com

FEDERICO GARCÍA LORCA

DEL CAMPO A LA VANGUARDIA

- **Nacido en 1898 en Fuente Vaqueros, Granada (España)**
- **Fallecido en 1936 en el camino de Víznar a Alfacar, Granada (España)**
- **Algunas de sus obras:**
  - *Romancero gitano* (1928), poesía
  - *Poeta en Nueva York* (1940), poesía
  - *Llanto por Ignacio Sánchez Mejías* (1935), poesía
  - *Yerma* (1934), teatro

Federico García Lorca es posiblemente el autor español más importante del siglo XX. Su popularidad y relevancia no solo se deben a sus obras extrañas y bien construidas, sino también al mundo que edificó e imaginó por fuera de la literatura: era un apasionado de la cultura popular y, además de escribir, también dibujó y pintó, interpretó el piano y reflexionó en torno a la cultura popular de su país (los toros, la música, el arte, el campo, la política). Su obra está anclada entre el mundo rural de España y las vanguardias artísticas que estaban naciendo en toda Europa. Su padre era hacendado y su madre una maestra de escuela que hizo que Lorca se interesara por las artes. El mundo del escritor, en esos primeros años, es el del campo. De allí toma sus primeras influencias.

La vanguardia y el cosmopolitismo llegaron más tarde, cuando Lorca se trasladó a Madrid y vivió en la Residencia de Estudiantes, un punto de encuentro para los intelectuales europeos; en ella se daban cita pensadores, científicos y artistas de España y de otras latitudes. Para Lorca en específico, el contacto con Salvador Dalí, pintor, y Luis Buñuel, director de cine, fue crucial. El encuentro entre esos tres artistas y su aproximación con el surrealismo sería fundamental en esa España pacata y conservadora.

En diciembre de 1927, Lorca se involucraría con un grupo de poetas fundamentales para la poesía española del siglo XX, y que, al mismo tiempo que recuperarían tradiciones literarias antiguas, también abrirían el camino para la experimentación en la literatura; este grupo, a posteriori, fue llamado «Generación del 27», y estaba integrado por poetas como Pedro Salinas, Luis Cernuda, Rafael Alberti y Jorge Guillén. El grupo se reuniría para celebrar los trescientos años de la muerte de Luis de Góngora, el gran poeta barroco. De ese poeta tomaron una afición por las palabras raras, por organizar sus frases de manera poco común, y el uso exhaustivo de metáforas e imágenes plásticas.

Se reconoce esta época como la del inicio de la madurez literaria de Lorca. Escribe el libro *Romancero gitano*, que se centra en temas tradicionalmente gitanos y del sur de España: la niñez, la muerte, el bronce, la luna. Estos temas sirven para hablar de la guerra civil española. El libro, sin embargo, fue visto también como demasiado apegado a la tradición y las costumbres.

En 1929, Lorca viaja a Nueva York. El viaje lo cambiaría. Escribe sobre esta experiencia en el libro *Poeta en Nueva York*, en el que retrata una ciudad llena de máquinas, miseria y soledad. Es un libro más vanguardista que *Romancero gitano*, más cercano a las nuevas ideas y revoluciones artísticas del siglo XX, siglo cambalache.

Lorca empieza a escribir y a dirigir teatro en esta época. Sus obras gozan de gran éxito, sobre todo en un viaje a Latinoamérica. En 1934, antes de su muerte, escribe las obras *Yerma* y *La casa de Bernarda Alba*, así como el gran poema *Llanto por Ignacio Sánchez Mejías*. En este, le hace un homenaje a Ignacio Sánchez Mejías, torero que muere de gangrena al ser atacado por un toro.

En esa época, la violencia se recrudece en España. Lorca no quiere irse a otro país y no apoya a ninguno de los bandos en disputa, ni a los republicanos ni a los falangistas. Sin embargo, el hecho de ser homosexual y su empeño por ser tolerante y odiar el nacionalismo, hicieron que fuera denunciado frente a la Guardia Civil. Los militares lo apresarían y lo asesinarían en 1936. Su cuerpo todavía no ha sido encontrado.

¿SABÍA QUE...?

Lorca fue también un dibujante tremendo. Sus dibujos son surrealistas. En ellos se pueden ver superposiciones de personajes, partes del cuerpo, rostros monstruosos. De hecho, en muchos de sus dibujos se pueden adivinar los temas de su poesía y su teatro: la muerte, la cultura popular, los colores como símbolos de la muerte, la virilidad y la niñez.

LA CASA DE BERNARDA ALBA

UNA CASA DE MUJERES

- **Género:** obra de teatro
- **Edición de referencia:** García Lorca, Federico. 2010. *La casa de Bernarda Alba*. Bogotá: Planeta
- **Primera edición:** 1945
- **Temáticas:** muerte, mujer, familia, violencia y política, sexo

La casa de Bernarda Alba es una obra de teatro tardía. Como ya se dijo, Lorca empezó a escribir y a dirigir teatro pocos años antes de su muerte. Seguramente este interés tiene que ver con la violencia que se intensificó en España durante esa época; el teatro es un género cercano a lo político y lo educativo. En él, el público interactúa, puede relacionarse mejor con los temas que son tratados.

La casa de Bernarda Alba no es la excepción. A partir de un tema aparentemente sencillo, se nos muestra la represión de los años de la Guerra Civil. El sexo y su relación con la familia son el eje central de esa represión latente en la obra. La familia que se nos muestra, rural y religiosa, tratará de detener con todas sus fuerzas el deseo sexual de las hijas. Más allá de estos temas, la simbología que usa Lorca en esta obra es similar a la de libros como *Romancero gitano*. Los pozos, el agua, el color verde, el rojo, la sangre y los caballos se relacionan, como en ese libro de poemas, con la muerte, la infancia y la violencia. *La casa de Bernarda Alba* es misteriosa. No obstante, es también ágil y divertida. Sus personajes se relacionan con humor, desencanto y realismo.

RESUMEN

PRIMER ACTO: CASA NEGRA

Bernarda Alba es toda una matrona. Su segundo esposo ha muerto y ha ordenado que en su casa se siga un riguroso luto de ocho años. Por supuesto, el luto exige que ninguna de sus cinco hijas pueda salir de la casa. Su madre, una extraña y anciana mujer, está enferma y, de vez en cuando, canta unas canciones sin sentido, pero cuyo contenido es verdadero. En la casa también habitan unas criadas chismosas que están igualmente bajo la tutela rigurosa de Bernarda.

SEGUNDO ACTO: CABALLO VERDE

Las hijas de Bernarda son de distinto marido. Angustias, la primogénita e hija única del primer matrimonio, es en ese momento merecedora de una herencia. Un hombre, Pepe el Romano (del cual solo se sabe de oídas en la obra), la pretende, al parecer por interés en la recién adquirida fortuna. A todas las mujeres, y sobre todo a las chismosas de las criadas, les parece extraño, pues ya creían que Angustias se iba a quedar solterona. Sorprendentemente, Pepe el Romano, quien es un caballero viril, se interesa por Adela, la hermana menor. Esta se vuelve su amante.

TERCER ACTO: POZO ROJO

La madre de Bernarda, María Josefa, sale en medio de la noche a cantar unas tonadas absurdas mientras sostiene en los brazos a un corderito. Los dos amantes, Pepe el Romano y Adela, se besan. Más tarde, dentro de la casa, hay una terrible discusión que termina con Bernarda disparándole a Pepe. El hombre escapa. Sin embargo, luego de escuchar el disparo, la menor de las mujeres de la casa cree que el hombre ha muerto, y se suicida. La obra empieza como termina, con una muerte, y Bernarda dice que su hija murió virgen.

ESTUDIO DE LOS PERSONAJES

Los personajes de *La casa de Bernarda Alba* son dinámicos, humanos, contradictorios. Pero, además, sobre cada uno de ellos reposa una simbología particular. Los nombres de las hijas de Bernarda —Angustias, Magdalena, Amelia, Martirio y Adela—ya nos quieren decir mucho sobre sus papeles en la obra y sus personalidades.

También cabe destacar, como se desarrollará más adelante, que todos los personajes son femeninos. Incluso, en algún momento, aparece una niña mendiga. Este mundo habitado solo por mujeres es extraño para su época e incluso para la nuestra. Es refrescante. Es habitado por unas voces particulares: mujeres de distintas edades que tratan de desenvolverse en un espacio claustrofóbico.

BERNARDA ALBA

Bernarda es una mujer cerrada de mente. Tiene 60 años y cinco hijas. Es la matriarca. Sin duda es el personaje más importante de la obra y esto se sabe solo con leer la portada del libro que tenemos en las manos. En el título, el nombre «Bernarda Alba» ya nos anuncia la problemática que estamos a punto de presenciar. Como madre, es la que impone el luto en la casa con mano férrea. Las hijas y las criadas hacen lo que Bernarda les ordena. En un diálogo dice: «Aquí se hace lo que yo mando. Ya no puedes ir con el cuento a tu padre. Hilo y aguja para las hembras. Látigo y mula para el varón. Eso tiene la gente que nace con los posibles» (García Lorca 2010, 100).

Como ya dice el título de la obra, todo el espacio está regido por sus prejuicios: *La casa de Bernarda Alba*. Los cuartos, baños, establos, están supeditados a sus órdenes. Pero, además, también están administrados por su religiosidad. Es una católica fervorosa, fundamentalista, y estas ideas suyas son importantes en la crianza y disciplina de la casa, como se ve en la siguiente cita:

> «BERNARDA
> (Arrojando el abanico a suelo)
> ¿Es éste el abanico que se da a una viuda? Dame uno negro y aprende a respetar el luto de tu padre.
> [...]
> BERNARDA
> Pues busca otro, que te hará falta. En ocho años que dure el luto no ha de entrar en esta casa el viento de la calle. Haceros cuenta que hemos tapiado con ladrillos puertas y ventanas. [...] Mientras, podéis empezar a bordaros el ajuar». (García Lorca 2010, 98-99).

Lo interesante de la figura de Bernarda es, precisamente, que es mujer. A las mujeres de la casa no las oprime un hombre, sino una mujer que fomenta los valores masculinos. La más convencida de las convenciones y valores patriarcales es una mujer. Seguramente, Lorca quería hacer más compleja su obra. Hacer notar que no siempre son los hombres los que oprimen a las mujeres, sino que las mujeres también pueden ser machistas, opresivas. Así, las ideas que podemos tener sobre la obra se hacen más complejas. No podemos señalar víctimas y victimarios con tanta facilidad. Es una mujer la que levanta el látigo contra sus iguales.

ADELA

Al contrario de su madre, Adela es el símbolo de la rebelión. Su nombre en griego significa «la invisible», «la que no es manifiesta». Así, durante la mayor parte de la obra su voz no se escucha. No tiene demasiados diálogos y parece ser un personaje secundario. Sin embargo, es la amante, la que se rebela frente al poder de su madre y, además, frente al poder del dinero, de la herencia de su hermana Angustias. Sus diálogos son pocos pero sustanciales. Cuando habla lo hace de forma firme, da órdenes y decide hacer con su cuerpo lo que quiera.

El hecho de que Adela se suicide al final de la obra es también significativo. Comete un pecado a los ojos de la Iglesia católica y de su madre. Además, ese suicidio es negado por Bernarda. Así, Adela es el opuesto exacto de Bernarda. Se rebela frente al poder de la casa. Mientras Bernarda es firme y elocuente, Adela es un vacío durante las páginas que componen el texto. Es fantasmal, somera. No es un personaje recurrente. Todo lo contrario, su ausencia es fundamental. Cuando grita, su voz se escucha, y es un personaje adelantado a su tiempo. Su lenguaje ya nos dice mucho sobre el feminismo, tan importante en el siglo XX y en el siglo XXI.

Esa rebeldía de Adela también se puede notar en su vestimenta. Al contrario de todas las demás mujeres de la casa, viste de verde, como oposición al negro del luto. Es contraria a las expectativas de la madre incluso en detalles de la vestimenta. El verde representa las ansias de liberación pero también la muerte.

ANGUSTIAS

El significado del nombre de Angustias no es tan oscuro como el de Adela. Sin embargo, es igual de diciente. Ese nombre tiene que ver con la tristeza, con la soledad y con el paso del tiempo. Es la más vieja de las hermanas, y tiene fama de enferma, de débil. Lo dice La Poncia, por ejemplo, en un apartado en que habla con Adela en el que asegura que ella no resistiría un parto por ser estrecha de cintura.

Su caracterización es, entonces, durante toda la obra, la de una mujer disminuida por la prisión que lleva a cuestas desde hace más tiempo que sus hermanas. Sin embargo, y a diferencia de Adela, Angustias no se rebela o, por lo menos, no lo hace desde la indisposición de su hermana. Todo lo que quiere es casarse con Pepe el Romano para poder salir de la casa.

LA CRIADA Y LA PONCIA

Ya desde el nombre que pone Lorca a las dos criadas, la Criada y La Poncia, podemos inferir ciertas características. La Criada no tiene nombre propio, es cualquier criada de España o del mundo, una más. La Criada es sumisa; obedece sin chistar los mandatos de Bernarda y sus hijas. De hecho, es tan sumisa que a veces su papel parece ser secundario. No habla, no reniega; se limita a su trabajo. Solo habla con La Poncia, quien es su confidente, una mujer con la que comparte opiniones. Es su único espacio de alivio. Cuando están las dos, la Criada es resoluta y habla con vehemencia de Bernarda. Las dos dicen que es mandona y autoritaria.

No obstante, la jerarquía de la casa nos dice que La Poncia es la segunda al mando, posiblemente los ojos de Bernarda Alba entre ese pueblo ralo que conforman sus hijas, su madre y las otras criadas. La Poncia está por encima de la Criada. Es su superior inmediata.

La Poncia es chismosa. Trata de aleccionar siempre, con aparente prudencia, a las hijas de Bernarda. Es, como ya lo dijimos más arriba, la prefecta de Bernarda. Tiene sus mismos intereses y sus mismos prejuicios. Así como con Bernarda y su relación con las mujeres, el hecho de que La Poncia sea de clase baja no significa que tenga trato preferencial para con sus compañeras de trabajo ni para con las hijas de Bernarda. Tiene una posición privilegiada en la casa y se rige por ella. No obstante e incluso así, desprecia a Bernarda. Es doble y difícil. Perpetúa sus decisiones, pero está en contra de ella en lo que se refiere a la relación de las dos. Como se dijo más arriba, La Poncia dice que su patrona es autoritaria y mangoneadora.

Se trata de un personaje especial. No está en la punta de la jerarquía, pero tampoco es una criada común, totalmente subordinada a los deseos de Bernarda. La pregunta es siempre si La Poncia es una víctima de Bernarda o, al contrario, es una victimaria, emisaria de su patrona para cumplir todos sus deseos.

Su nombre es muy diciente. Se llama Poncia por Poncio Pilatos, toma decisiones y se lava las manos, como sucede con ese gobernador romano en la Biblia.

MARÍA JOSEFA

María Josefa, la madre de Bernarda, es el personaje más extraño de toda la obra. Sus diálogos son raros y su personalidad es desquiciada. Es también objeto de abuso y arbitrariedades por parte de Bernarda. De María Josefa se dice que está enferma y, por esa razón, se la ha recluido en un cuarto muy pequeño. Sin embargo, de vez en cuando sale de su cuarto y canta canciones en apariencia absurdas, pero que esconden especies de profecías o verdades crípticas:

> «MARÍA JOSEFA
> Ovejita niño mío,
> vámonos a la orilla del mar;
> la hormiguita estará en su puerta,
> yo te daré la teta y el pan.
> Bernarda, cara de leoparda,
> Magdalena, cara de hiena.
> Ovejita.
> Mee, Meee» (García Lorca 2010, 142).

María Josefa es temida por su hija. Por eso está encerrada. Es pura y fuerte. Demente y lúcida.

CONSIDERACIONES FORMALES

ESTILO Y ESTRUCTURA

Justo antes de que el texto de la obra empiece, hay unas palabras dirigidas a los lectores o a los espectadores: El poeta advierte que estos tres actos tienen la intención de un documental fotográfico. Sin duda esta frase es extraña. ¿Cómo puede ser que una obra de teatro vaya a ser más parecida a una exposición de retratos o fotos que a un drama? Cuando pensamos en una obra de teatro, precisamente nos imaginamos movimiento, acción y representación. Sin embargo, Lorca advierte que esta obra de teatro en específico va a estar desprovista de ese movimiento y que, más bien, se parecerá a una serie de imágenes que nos muestran la realidad a la manera de un reportaje.

Cabe destacar que este carácter fotográfico es lo que mueve a la obra; Lorca tiene razón en hacer su observación. La obra es bastante plástica, casi como una pintura. Vemos cuadros de costumbres, miradas sobre esa España rural asfixiante. Pero, además, todo el tiempo Lorca está señalando aspectos visuales de la realidad que nos muestra. El blanco y el negro, por ejemplo, predominan en la representación. Son los colores que le dan forma al encierro de las mujeres en la casa. Imaginemos una procesión de las mujeres, vestidas de negro, tristes y solemnes, caminando por cuartos, cocinas y zaguanes totalmente blancos, limpísimos. Ahora, imaginemos también a Adela vestida de verde, en medio de esa procesión. Es muy probable que, además del drama y la acción, Lorca hubiera pensado en la construcción de cuadros o fotografías en los que los colores fueran nítidos y contrastaran entre sí.

También son notables los pozos y la arquitectura del pueblo. Podemos sentir a través de las palabras de Lorca que va construyendo los edificios sobrios, cubiertos de la luz del sol. La riqueza artística de esta obra radica en esa cualidad expresiva.

Debemos decir que es en las recomendaciones y comentarios al margen que se ve con más importancia el ánimo colorista de la obra. Solo al principio del texto, ya hay indicaciones sobre el espacio y la atmósfera de la representación:

> «(Habitación blanquísima al interior de la casa de BERNARDA. Muros gruesos. Puertas en acero con cortinas de yute rematadas con madroños y volantes. Sillas de anea. Cuadros con paisajes inverosímiles de ninfas o reyes de leyenda. Es verano. Un gran silencio umbroso se extiende por la escena. Al levantarse el telón está la escena sola. Se oyen doblar las campanas)» (García Lorca 2010, 79).

Es notable la cantidad de detalles que Lorca nos otorga en cuanto al uso de materiales, colores, ubicación de muebles, arquitectura. El mundo es llenado con imágenes pulcras, hermosas y retocadas. Imagínese a sí mismo como el director de arte de esta obra. Seguramente usted terminaría odiando a Lorca luego de buscar por miles de marqueterías y galerías de arte los cuadros que describe. Imagínese buscar en los barrios de su ciudad un taller en que se construyan puertas de acero como las que dibuja.

Ahora, este paisaje perfectamente construido contrasta con un uso del lenguaje también muy cuidado pero que se acerca a lo popular. Las intervenciones de las criadas, por ejemplo, son un banquete de refranes, palabras propias de la España profunda y una gramática particular, riquísima. Estaría en lo incorrecto un lector que viera estas particularidades como errores de Lorca, o como parte de una literatura baja, equivocada. Todo lo contrario, en esta obra Lorca logra ver la riqueza del lenguaje popular y señala sus variantes, su profundidad. No podría haber sido de otra forma:

> «CRIADA
> Fuera de aquí. ¿Quién os dijo que entrararais? Ya me habéis dejado los pies señalados. (Se van. Limpia.). Suelos barnizados con aceite, alacenas, pedestales, camas de acero, para que traguemos quina las que vivimos en chozas de tierra con un plato y una cuchara. [...] Fastídiate, Antonio María Benavides, tiso con tu traje de paño y tus botas enterizas. ¡Fastídiate! ¡Ya no volverás a levantarme las enaguas detrás de la puerta de tu corral!» (García Lorca 2010, 88).

La riqueza de este lenguaje que usa Lorca es notable. El uso, por ejemplo, de la frase con un plato y una cuchara, nos habla de pobreza, del origen popular de la criada. Hay ocasiones en que tenemos que buscar el sentido de estas palabras, reflexionar.

En ese sentido, esta obra es muy realista y busca acercarse al público. Las palabras extrañas que contiene son parte de la cultura popular, y no son una aproximación artística (o artistoide) al tema de la violencia.

Además, hay otros registros particulares en el lenguaje y el estilo que se utilizan en la obra. Por ejemplo, el hecho de que todos los personajes sean mujeres ya pone de relieve un lenguaje que no es común en literatura, un arte hecho por y para hombres tradicionalmente.

El chisme y el doble sentido son también señales estilísticas de la obra. Los cuartos y las reuniones entre un grupo de personajes sirven para hablar mal de otro o para sermonearse. La obra está plagada de estas reuniones en que el lenguaje es sutil y corrupto. Los personajes siempre están tramando algo, y el lenguaje es solo un amasijo de mantas que cubren el verdadero significado de estas intenciones.

ESTRUCTURA

La casa de Bernarda Alba está compuesta por tres actos. La organización en términos de estructura es bastante clásica. En el primer acto conocemos el conflicto de los personajes: la muerte del patriarca y la imposición del luto por parte de Bernarda; en este acto, además, Pepe el Romano comienza a pretender a Angustias. En el segundo acto ya tenemos el nudo del conflicto: se conocen las intenciones de Adela; se sabe que está enamorada de Pepe el Romano y se trata de detenerla. En el tercer acto finaliza la acción, el drama se resuelve: se sabe que Adela ha estado viéndose con Pepe el Romano. Al enterarse, Bernarda decide matar a Pepe. No lo hace, pero Adela cree que lo ha hecho y se suicida. La familia jura que la menor de las hermanas murió virgen.

Lo que se quiere hacer notar con este breve resumen es que la narración sigue un orden bastante clásico, que apela a cualquier tipo de espectador. La obra no es rebuscada ni tiene giros inentendibles. Todo lo contrario, se basa en el gusto popular y tiene que ver más con *La guerra de las Galaxias* que con el arte surrealista. Por supuesto, hay un uso de las imágenes y del lenguaje que sí es vanguardista, pero estamos frente a una obra que también nos va a divertir y a asombrar. La diversión de la obra viene, precisamente, de su estructura.

Este carácter también es advertido por parte de Lorca al comienzo del texto, cuando, en el subtítulo, dice: «Drama de mujeres en los pueblos de España». La palabra «drama» nos acerca a lo clásico. No estamos hablando de una obra vanguardista y que vaya a empujar los límites del arte, sino a una obra bien construida, que busca involucrar al espectador.

TEMÁTICAS Y CLAVES DE LECTURA

MUERTE

Ya hemos dicho con insistencia que hay varios símbolos en la obra de Lorca que señalan directamente a la muerte. La arquitectura del pueblo en que se desarrolla *La casa de Bernarda Alba* está llena de pozos vacíos. Por los alrededores del pueblo no hay ríos ni fuentes por los que el agua corra viva, alimentando la sed de animales y de hombres. Todo lo contrario, estos pozos no tienen agua o su agua está estancada, generando muerte y angustia.

Toda la obra está signada por este gran tema. La obra, no es casualidad, empieza y termina con muerte. Al principio, el patriarca de la familia muere, y al final, la más joven de la familia se suicida. Este espejo o ciclo de repetición parece ser el anuncio de un destino macabro: la muerte estará sobre la familia de Bernarda Alba, no como un hecho tranquilo y que sea aceptado, sino como un movimiento trágico de la realidad.

Por supuesto, no hay forma de que una familia escape de la muerte, pero las muertes que vemos en la obra son terribles, demoledoras; mueven todos los cimientos de esa pequeña comunidad. Es claro que la muerte moverá las acciones de la obra. Hay cierta culpa por ellas. Todos los personajes sienten congoja, pero también remordimiento.

MUJER

Desde el título de la obra se deja claro que la mujer es el foco de la obra, el tema y la protagonista central de lo que vamos a leer o vamos a ver representado en un teatro: «Drama de mujeres en los pueblos de España». Esta es, quizás, una de las características más importantes de la obra. En esta solo hay personajes femeninos y esto determina su interpretación. Por ejemplo, el que la violencia y la represión social esté enfocada en ellas, ya la separa de otros textos dedicados a la guerra y a la violencia. La obra no se desarrolla en el campo de batalla, un espacio masculino por excelencia, sino en la intimidad de los cuartos y las salas de una casa rural.

En nuestra época, por supuesto, hay todo tipo de libros, películas y series de televisión en los que las mujeres son protagonistas. En la serie *Juego de Tronos*, las mujeres son poderosas, comandan ejércitos y gobiernan grandes imperios; en la saga de *Los juegos del hambre*, una mujer es la elegida para liberar al pueblo del yugo de un gobierno corrupto y opresor; y en el cómic *Y: The Last Man*, todos los machos de todas las especies desaparecen y lo que queda es una utopía/distopía de mujeres que gobiernan el mundo. Pero no siempre fue tan común que las mujeres fueran el centro de las narraciones y menos aún que fueran protagonistas de ellas.

Este texto está adelantado a su tiempo, y no solo en cuanto a la elección de su tema, centrado en lo femenino y en las mujeres, también en cuanto a que un escritor hombre logra captar con rigurosidad las variaciones del lenguaje femenino, sus preocupaciones. Si bien siempre ha habido textos centrados en la mujer, este capta más dimensiones. Solo tome como ejemplo las clases sociales; en este texto vemos varias mujeres, de distinta condición social discutiendo y enfrentándose.

FAMILIA

Dichoso Adán, dicen algunos con respecto a su familia, y más aún si se refieren a esta familia, los Alba. El apellido se refiere a la aparente pureza, a lo blanco e intachable que Bernarda quiere imponer a sus hijas y criadas. Esta familia es opresiva, dura, conservadora. Sus miembros son cohibidos; no tienen libertad.

En esta familia, las relaciones están supeditadas a una opresión constante. La madre decide por todo el resto de mujeres. De hecho, representa los valores patriarcales que comúnmente no pensamos asociados a una mujer. Vela por el mantenimiento de las «buenas costumbres» y lo rige todo.

La visión que Lorca tiene de la familia es tremendamente política. No se trata de un núcleo cerrado e independiente. Todo lo contrario, el pueblo sabe lo que pasa al interior de la familia, sabe de sus problemas y contradicciones. El pueblo es una extensión de la familia. En esa medida, todas las decisiones de la familia y del pueblo se entremezclan. De ahí que algunos lectores digan que esa familia tiene que ver con aspectos más grandes de la sociedad española; que es un reflejo y un símbolo de la violencia y la opresión que se vivía por esa época en ese país.

VIOLENCIA Y POLÍTICA

Se ha interpretado *La casa de Bernarda Alba* como una pieza literaria política. Un lector sagaz diría: «En esta obra no hay armas, no hay políticos, no hay masacres, no hay desapariciones». Ese lector tiene razón. La obra de Federico García Lorca no habla de la violencia de manera directa. En esta tragedia, como el mismo Lorca la llamó, no vemos a la Guardia Civil española asesinando anarquistas. Entonces, ¿por qué algunos críticos y lectores profesionales han dicho que esta obra es política?

Aunque no sea evidente, las obras literarias pueden representar o hablar de temas y situaciones que no sean necesariamente los que salten a primera vista; esta obra es toda una metáfora de la violencia en España. ¿Por qué? Porque en ella hay ciertas claves que remiten a la situación política de España durante la Guerra Civil, tiempo durante el cual se escribió el texto. La opresión de Bernarda ha sido percibida por muchos como la misma opresión de los falangistas españoles. El resto de mujeres son el pueblo diverso: buscando mayores libertades, siendo conformista o quejándose a espaldas del poder. Ese pueblo chico, infierno grande, es una representación de una sociedad devastada por una violencia aterradora y una opresión sin igual.

SEXO

El sexo es tan importante en la obra que en ningún momento aparece de manera totalmente evidente. No es que Adela y Pepe el Romano tengan relaciones sexuales en escena.

Sin embargo, sabemos que así fue: Adela viene con la ropa rasgada de uno de sus encuentros.

Sin embargo, más allá de saber efectivamente cuántas veces se acuestan los personajes en la obra, la importancia del tema del sexo está en el deseo y en el ocultamiento de ese deseo. Se ha dicho que los muros gruesos y blancos de la casa son una protección, impiden que las hijas de Bernarda salgan a tener relaciones sexuales con los hombres del pueblo. La prohibición de Bernarda tiene que ver con prohibir el deseo de sus hijas, un deseo fuerte, que se va filtrando por las ventanas y rincones de la casa.

PISTAS PARA LA REFLEXIÓN

ALGUNAS PREGUNTAS PARA PROFUNDIZAR EN SU REFLEXIÓN...

- ¿Cómo es la vestimenta de Bernarda y cuál es su relación simbólica con sus pensamientos y su carácter conservador? Haga un dibujo.
- ¿Qué representan las pinturas fantásticas de la casa de los Alba?
- ¿Por qué cree que el color verde se asocia en esta obra con la rebeldía y con la muerte?
- ¿Por qué cree que hay relación entre la rebeldía y la muerte?
- ¿Son los pueblos de su país parecidos a este? ¿En qué características específicamente?
- ¿Por qué diría que este texto es una tragedia?
- ¿Cómo se lleva el luto en su país de origen? ¿Es muy diferente al que se lleva en la casa Alba?
- Haga un plano de la casa de la familia Alba.
- Haga un texto en primera persona sobre la infancia de Bernarda Alba.
- ¿A qué personajes del cine o la televisión se parecen las criadas de la obra teatral?

¡Su opinión nos interesa!
¡Deje un comentario en la página web de su librería en línea,
y comparta sus favoritos en las redes sociales!

PARA IR MÁS ALLÁ

EDICIÓN DE REFERENCIA

- García Lorca, Federico. 2010. *La casa de Bernarda Alba*. Bogotá: Planeta.

ESTUDIOS DE REFERENCIA

- García-Ramos Gallego, David. "Símbolo y realidad: tragedia, víctimas y signos. Ensayo de interpretación del Guernica y de algunas obras trágicas de García Lorca". Ensayo, Universidad Católica de Valencia. Consultado el 12 de octubre de 2016. https://www.academia.edu/11558719/S%C3%ADmbolo_y_realidad_tragedia_v%C3%ADctimas_y_signos._Ensayo_de_interpretaci%-C3%B3n_del_Guernica_y_de_algunas_obras_tr%C3%A-1gicas_de_Garc%C3%ADa_Lorca
- Cano, José Luis. 1985. *García Lorca*. Barcelona: Salvat Editores.
- Quance, Roberta. 2010. *In the Light of Contradiction: Desire in the Poetry of Federico García Lorca*. Londres: Maney Pub.

ADAPTACIÓN

- *La casa de Bernarda Alba*. Dirigida por Mario Camus, con Irene Gutiérrez Caba, Ana Belén, Florinda Chico, Enriqueta Carballeira, Vicky Peña, Aurora Pastor, Rosario García Ortega y Mercedes Lezcano. España: Paraíso Films, 1987.

LECTURA RECOMENDADA

- Pérez Martín, Miguel. 2015. "Lorca, músico antes que poeta". *El País*, 4 de marzo. Consultado el 12 de octubre de 2016. http://cultura.elpais.com/cultura/2015/03/04/actualidad/1425462230_050543.html
  Artículo sobre la música en la vida y obra de Federico García Lorca.

Printed in Poland
by Amazon Fulfillment
Poland Sp. z o.o., Wrocław